# CÉRÉMONIE

POUR

## LA TRANSLATION DU CORPS

DE

# BLANCHARD-LATOUR

—

## 31 Mars 1886

BORDEAUX

IMPRIMERIE VICTOR CRESPY, 18-20, RUE GOUVION

—

1886

# EXTRAIT DU TESTAMENT

DE

# M. BLANCHARD-LATOUR

Je, soussigné, Jean-Marie-Georges, fils de Marie Latour, et dénommé ordinairement sous le nom de Blanchard, demeurant à Bordeaux, cours d'Alsace-et-Lorraine, ai fait écrire sous ma dictée, par une main étrangère, mon Testament à qui je veux donner la forme mystique et qui est ainsi conçu :

Je donne et lègue à la Ville de Bordeaux les deux maisons que je possède à Bordeaux, l'une faisant angle de la rue Sainte-Catherine et de la place Saint-Projet, l'autre située cours d'Alsace-et-Lorraine, n° 113, et ayant façade rue Sainte-Colombe.

Ce legs est fait aux charges et conditions suivantes :

1° La Ville devra verser, lors de l'extinction de la rente viagère que je vais léguer à ma sœur, une somme de cent mille francs à l'Administration des Hospices Civils de Bordeaux, qui sera alors employée en rentes sur l'État dont le titre portera à l'immatricule : *legs Blanchard-Latour*.

2° Elle appliquera seize cents francs annuellement à l'entretien à l'École des Beaux-Arts, à Paris, d'un élève en peinture qui sera choisi par l'Administration Municipale, et cette bourse devra être accordée tous les ans sans interruption.

3° Elle versera annuellement et à perpétuité à la Société Philomathique, pour les écoles d'adultes, une somme de cinq cents francs qui sera affectée à la création de trois prix, le premier de deux cent cinquante francs, le second de cent cinquante, et le troisième de cent francs, à décerner tous les ans aux élèves qui auront montré le plus de zèle et d'aptitude à l'étude de leur profession.

Les candidats à ces trois prix seront choisis par les professeurs de l'École, sans ingérence de l'autorité municipale, et ils seront appliqués exclusivement à la section de l'industrie.

4" En outre, la Ville devra servir à ma sœur Marie-Elisabeth, qui habite avec moi, aujourd'hui âgée de soixante-dix ans, une rente annuelle et viagère de dix mille francs, payable par trimestre et d'avance.

Après l'extinction de cette rente viagère, la Ville versera les cent mille francs légués aux Hospices, et en outre des charges ci-dessus établies, elle sera tenue encore à perpétuité :

1ᵉⁿᵗ De consacrer annuellement une somme de seize cents francs pour la pension d'un élève en sculpture, et pareille somme de seize cents francs pour la pension d'un élève en architecture qui, tous deux, seront envoyés à l'École des Beaux-Arts, à Paris, dans les mêmes conditions que l'élève en peinture.

En ce qui concerne l'élève architecte, il sera nommé par le Maire de Bordeaux sur la présentation de deux ou trois candidats, choisis par la Société des Architectes de la ville.

Toutes ces bourses seront, autant que possible, données aux jeunes gens dont l'insuffisance de fortune ne leur permet pas d'achever leur éducation artistique.

2ᵉⁿᵗ Une autre somme de cinq cents francs sera versée annuellement à la Société Philomathique pour venir en aide aux élèves nécessiteux les plus studieux, spécialement à ceux qui s'appliquent à l'industrie du bâtiment.

3⁰ⁿᵗ Une somme de six cents francs sera versée annuellement à l'Administration du Dépôt de Mendicité.

En souvenir de la présente disposition, je prie la Ville de prendre soin du tombeau que je veux faire construire à la Chartreuse, par les soins de Monsieur Brun, mon architecte.

La Ville de Bordeaux paiera les droits de mutation afférents au legs de mes deux maisons, sans répétition vers les établissements gratifiés, à l'exception du legs fait aux Hospices, dont les droits seront payés par ma succession. La Ville, du reste, n'aura par ailleurs aucune dépense ni aucune contribution aux frais du présent Testament, que je laisse en entier à la charge de ma succession, sauf la contribution des legs qui vont suivre :

Je donne et lègue à Marguerite Duroux, ma domestique, une somme de vingt mille francs.

Je donne et lègue à Auguste Porcheron, Charles Pradier, Louis Berge, mes ouvriers, tout le matériel et les marchandises de mon magasin, et en plus une somme de six cents francs à chacun d'eux. Je dis une somme de deux mille francs à chacun.

Je lègue le surplus de ma succession, n'ayant aucun autre parent qu'elle, à Marie-Elisabeth Blanchard-Latour, ma sœur, qui habite avec moi, et je l'institue ma légataire universelle.

Je nomme pour exécuteur testamentaire, mon ami Auguste Périé, et je le prie d'accepter, à titre de souvenir de moi, les tableaux de ma salle à manger.

Je prie également mon ami, M. Privat, de vouloir bien accepter, comme souvenir, un de mes tableaux, à son choix.

M. Périé distribuera mes autres tableaux conformément aux instructions que je lui ai données.

Le présent Testament a été écrit par la main d'un des clercs de Mᵉ Martin, sauf ces dernières lignes qui sont de la main de Mᵉ Martin, notaire.

Je déclare l'avoir lu en entier et qu'il contient exactement mes volontés, en foi de quoi je l'ai signé.

Fait à Bordeaux, ce cinq juin mil huit cent soixante-quinze.

Signé : BLANCHARD-LATOUR.

*Ouvert en présence des témoins instrumentaires et signé pour ne varier.*

BORDEAUX, *le 11 Juin 1875.*

F. BRETENET.

Enregistré à Bordeaux (1er bureau), le deux juillet 1875, vol® 379, folio 7, R° C° 2. Reçu sept francs cinquante centimes et un franc quatre-vingt-huit centimes de décimes.

*Signé :* CAMUZET.

# BLANCHARD-LATOUR

La translation du corps de Blanchard-Latour, du caveau provisoire où il était déposé au tombeau définitif édifié sous la direction de M. Ch. Brun, architecte, et avec le concours de M. de Coëffard, statuaire, a eu lieu le mercredi 31 Mars 1886, à huit heures du matin, en présence de M. le Maire de Bordeaux et de M. A. Périé, architecte, exécuteur testamentaire de Blanchard-Latour.

Des délégations administratives, artistiques et industrielles, ainsi que de nombreux amis, ont tenu à rendre hommage à la mémoire de ce généreux bienfaiteur de l'humanité, en assistant à cette cérémonie.

Les discours suivants y ont été prononcés.

## Discours de M. DANEY,

*Maire de Bordeaux.*

« MESSIEURS,

» Le sentiment qui nous réunit autour de cette tombe est celui de la reconnaissance envers un homme qui a mérité le titre de bienfaiteur des pauvres et de la Ville de Bordeaux.

» Né dans la plus humble des conditions, Blanchard-Latour a dû lutter pour l'existence, et les armes dont il s'est servi pour conquérir sa place au soleil ont été l'honnêteté et le travail.

» Loin de voir dans la société une marâtre qui repousse avec dédain les déshérités de ce monde, il a su apprécier les œuvres de la solidarité et de la fraternité humaines, recueillant l'enfance abandonnée, distribuant l'instruction aux ignorants, secourant les pauvres et les malades, et donnant à la vieillesse l'asile de ses derniers jours.

» Au début de sa vie de labeur, il a vu de près les souffrances et les fatigues qui attendent le pauvre délaissé sur le chemin de la vie, lorsqu'une main secourable ne vient pas à son aide.

» Arrivé à la fortune, il s'est souvenu de ce que la société avait fait pour lui, et, reconnaissant des bienfaits qu'il en avait reçus, il les a rendus à son tour avec usure en disposant du fruit de son travail pour secourir ceux qui, comme lui, auraient besoin d'appui pour surmonter les difficultés de l'existence.

» Par son testament du 5 juin 1875, Blanchard-Latour a légué à la Ville de Bordeaux la plus grande partie de ses biens, à charge par elle de servir une pension viagère à sa sœur; de compter ensuite une somme de cent mille francs aux Hospices et une rente de six cents francs au Dépôt de Mendicité; d'entretenir à l'Ecole des Beaux-Arts un élève dans chacune des sections de peinture, de sculpture et d'architecture ; de remettre chaque année à la Société Philomathique une somme de cinq cents francs pour des prix à décerner aux élèves qui auront montré le plus d'aptitude à l'étude de leur profession, et une autre somme annuelle de cinq cents francs à la même Société pour venir en aide aux élèves nécessiteux les plus studieux, spécialement à ceux qui s'appliquent à l'industrie du bâtiment.

» Après avoir assuré le bonheur de ceux qui l'entouraient, il s'est éteint avec la satisfaction d'avoir accompli sa tâche.

» Tel a été, Messieurs, le citoyen modeste dont nous venons saluer la dépouille mortelle et que la Ville de Bordeaux a inscrit au nombre de ses bienfaiteurs.

» Il a passé presque inconnu sur cette terre, mais le bien que son cœur noble et généreux a voulu répandre après lui rendra sa mémoire impérissable. »

# Discours de M. Charles MARIONNEAU

*Correspondant de l'Institut et Membre de l'Académie de Bordeaux.*

« Monsieur le Maire,
» Messieurs,

» Avant l'inhumation de Blanchard-Latour, plusieurs de mes confrères me chargent d'accomplir un devoir bien doux, celui de vous rappeler l'existence de ce protecteur perpétuel des jeunes artistes bordelais.

» La vie de Blanchard-Latour fut une vie des plus simples, des plus modestes, et néanmoins on peut la qualifier de vie modèle. Jean-Marie-Georges Latour, dit Blanchard, naquit à Bordeaux en 1804 ; il fut élevé dans l'ombre d'un pauvre atelier ; on en fit au plus vite un petit apprenti, et l'enfant, grandissant, devint un habile ouvrier ferblantier ; mais, dès sa plus tendre jeunesse, bien que tout à son métier, Blanchard n'en suivait pas moins avec quelque succès les cours de l'Ecole de dessin et de peinture de la Ville de Bordeaux, Ecole qui avait à sa tête un homme rare, érudit et lettré comme un professeur de Faculté, dessinateur et graveur de premier ordre, ainsi que ses ouvrages en font foi. Vous avez tous reconnu Pierre Lacour le fils, ancien président de l'Académie de Bordeaux, correspondant de l'Institut de France, chevalier de la Légion d'honneur : il repose à quelques pas de nous, près d'un père qui fut, dans notre ville, le régénérateur de l'art.

» A l'Ecole de Lacour fils, d'où sortirent, de 1815 à 1830, des artistes d'un incontestable talent: Antoine Gibert, Emile Lassale, François Colin ; d'autres plus renommés encore : Adrien Dauzats, Jacques-Raymond Brascassat, à cette Ecole se trouvaient aussi de jeunes élèves se destinant particulièrement à l'art industriel, et l'on pourrait citer de nombreux chefs de nos anciennes usines qui s'enorgueillissaient des leçons reçues de Pierre Lacour. Ceci démontre que depuis longtemps, à Bordeaux, les études du dessin comprenaient son application à l'industrie.

» Blanchard fut un des artisans bordelais qui en avaient apprécié les heureux effets. Mais ses aspirations vers l'étude de la peinture furent vaines ; l'état précaire dans lequel s'écoula sa jeunesse ayant été un obstacle à ses désirs d'artiste, il regretta bien souvent que de véritables vocations se trouvassent privées d'un généreux appui; aussi voulut-il, dans la mesure de ses moyens, que ce qui lui avait manqué ne fît pas défaut aux déshérités de la fortune venant après lui. Tel est le mobile de ses dispositions testamentaires en faveur de nos jeunes élèves peintres, sculpteurs, architectes.

» Du reste, Blanchard prouva toute sa vie l'amour qu'il portait aux Beaux-Arts ; il visitait avec intérêt les belles galeries de Paris et de Londres ; il s'arrêtait avec respect devant les œuvres des grands artistes exposées dans les Musées ou dans les collections particulières ; enfin, il se souvenait avec attendrissement de ses anciens condisciples de l'école de Lacour, devenus des peintres célèbres.

» Parmi ses camarades, il en était un surtout dont il suivait avec émotion la carrière brillante : c'était son ami Dauzats, qui sommeille aussi à deux pas de nous : « Ah ! » lui disait-il dans une de leurs dernières entrevues, « si j'avais eu quelques secours

» pour aller à Paris étudier la peinture et travailler sans souci du
» lendemain, j'aurais fait mon chemin comme un autre ! »

« Etait-ce une illusion ? Quoi qu'il en soit, Blanchard, ne pou-
vant se faire un bel avenir d'artiste, se créa une position sociale
des plus honorables ; il fut membre jusqu'à son décès du bureau
du Syndicat général du bâtiment ; il fut aussi le président inamo-
vible de la Chambre syndicale des entrepreneurs de ferblanterie
et de plomberie qu'il avait aidé à fonder, et il fit partie de la
Société des Amis des Arts de Bordeaux, depuis son origine
jusqu'en 1875.

» Tout entier à ses devoirs professionnels, dont il était
l'esclave, il mena toujours une vie régulière, vigilante, et, par sa
persévérance au travail, il parvint à l'aisance, au bien-être, à la
fortune, sans être aveuglé comme tant d'autres et sans changer
sa manière de vivre ; il passa son existence dans un cercle
restreint d'amis ; comme il n'avait point d'enfants, il regardait
ses ouvriers comme tels, et c'est entouré d'eux qu'il mourut le
8 juin 1875. Toute l'ambition de Blanchard-Latour était de
rester lui-même, ne cherchant pas à se surfaire par les dehors et
ne se produisant qu'avec « ce qui était en lui et non autour de
lui », comme a dit Montaigne.

» Quoi de surprenant alors que cet homme ait été un
philanthrope, un ami des pauvres, des artisans, des artistes, et
qu'il leur ait légué sa fortune ?

» M. le Maire vient de vous rappeler les termes de son testament.

» En présence d'une telle largesse, sans précédent dans notre
ville, les Académies de Bordeaux et de Paris, auxquelles j'ai
l'honneur d'appartenir à divers titres, ne sauraient rester
indifférentes à cette funèbre cérémonie, rehaussée par la présence
du premier magistrat de la cité. L'Académie des Beaux-Arts,
surtout, qui compte dans ses rangs des Mécènes et des artistes,
sait mieux que personne combien les uns sont utiles aux autres ;
combien des plus illustres, partis d'une échoppe ou d'une

chaumière, n'ont dû leur avenir qu'aux protecteurs témoins de leurs premiers essais !

» Qu'il me suffise de rappeler ce petit berger des vallées du Jura, devenu le statuaire Perrault ; ce petit ménétrier du Bocage vendéen, devenu le peintre Paul Baudry ; ce chétif enfant d'un faubourg de Bordeaux, devenu notre Brascassat ; tous trois morts membres de l'Institut de France, mais qui eurent le bonheur de voir les difficultés de la route aplanies par de généreux concitoyens.

» Hommage donc à Blanchard-Latour pour sa triple fondation en faveur des élèves peintres, sculpteurs, architectes bordelais ; son nom doit désormais s'ajouter à ceux de François-Lucie Doucet, de Fieffé et de Duffour-Dubergier, ces bienfaiteurs des arts, dont les images décorent, à bon droit, la façade de notre Musée, et prouvent que nos administrateurs pratiquent la religion des souvenirs !

» Et vous, jeunes élèves, qui assistez à l'inhumation de Blanchard-Latour, vous devez perpétuer parmi vos camarades la mémoire de cet homme de bien et vous rappeler souvent que dans un coin du cimetière de Bordeaux, sous un mausolée dû aux talents réunis de MM. Brun et de Coëffard, repose un de vos véritables amis qui, par-delà sa tombe, tous les ans, vous tendra la main pour vous aider à compléter des études qui, suivant vos efforts longtemps soutenus, pourront vous conduire à des positions honorables, peut-être à la célébrité et même à la gloire ! »

# Discours de M. G. GÉRAND,

**Président de la Société des Architectes.**

« MESSIEURS,

» Je viens au nom de la Société des Architectes de Bordeaux, dont j'ai l'honneur d'être le représentant et l'interprète, adresser un dernier hommage de reconnaissance à la mémoire du regretté Blanchard-Latour.

» Des voix plus autorisées que le mienne vous ont dit ce que fut cet homme de bien, et je tiens, avant que cette tombe ne se ferme, à le remercier de ce qu'il a su, par ses généreuses libéralités, assurer à nos jeunes élèves les moyens d'aller compléter, dans les écoles de Paris, les études commencées à Bordeaux.

» Je tiens aussi, Messieurs, à affirmer que son nom restera toujours honoré parmi nous, et que sa dernière volonté sera religieusement accomplie. »

# Discours de M. de COEFFARD,

**Statuaire.**

« Je viens, Messieurs, au nom des sculpteurs de Bordeaux, offrir nos justes hommages de reconnaissance à la mémoire vénérée de Blanchard-Latour, cet ami, ce bienfaiteur des arts.

» Blanchard-Latour, à qui le naturel, bien plus que l'éducation, avait donné le goût des arts libéraux, était un enthousiaste du beau ; par profession, vivant et travaillant sans cesse dans le bâtiment, il avait entrevu, dans ses réflexions, l'indélébile beauté que l'art sévère et grand de la statuaire pouvait ajouter à de belles conceptions architecturales. Il avait compris que les hôtes augustes en pierre ou marbre qui peuplaient les frises, couronnaient les frontons, ou occupaient les niches des grands bâtiments, étaient un des moyens par excellence à employer pour imprimer un véritable caractère de grandeur à ces constructions ; et que, bien plus, la statuaire seule était le cachet ineffaçable qui les consacrait aux yeux de la foule pour en faire des temples ou des palais.

» Alors il résolut d'employer une partie considérable de ses épargnes pour faciliter à de jeunes artistes les moyens de réaliser ce que son existence besoigneuse ne lui avait pas permis de tenter.

» Grâce à ses généreuses dispositions, désormais est fondé par lui le prix annuel et perpétuel de 1,600 francs, destiné à compléter, à Paris, les études de l'élève de sculpture bordelais qui l'aura le mieux mérité.

» Suivons, Messieurs, Blanchard-Latour dans ses visées d'avenir pour notre ville. Il eût voulu en faire une Corinthe comme on essaie en ce moment d'en faire une nouvelle Athènes ; ne le blâmez pas... Voyez avec lui d'austères bas-reliefs orner ses façades, de nombreuses statues décorer ses combles ; les penseurs, les savants, les philosophes et les bienfaiteurs à tous titres de l'humanité, avoir leurs images augustes dans les vestibules et les salles des palais ; les places publiques, elles aussi, ennoblies de colosses glorieux qui disent aux générations : Honneur, Devoir, Humanité, Patrie !

» L'homme simple et bon dont nous suivons les restes a fait un grand acte. Par lui, l'Ecole de sculpture de Bordeaux deviendra, à bref délai, l'heureuse rivale de celles de Toulouse et d'Angers ; Bordeaux fournira enfin son ample contingent de pensionnaires sculpteurs à Rome.

» Ces fières perspectives d'avenir valent bien que le nom de Blanchard-Latour, attaché à chacun des prix qu'il a fondés, soit rappelé en toute occasion, et que l'image de cet homme de bien soit fixée aux murailles de notre Musée, au même titre et comme le sont celles de Doucet, de Fieffé et de Duffour-Dubergier.

» Adieu donc, restes vénérés de Blanchard-Latour, ami de l'humanité, bienfaiteur des arts ; que Dieu, dans un monde meilleur, rassasie ton âme de splendeurs et d'harmonies, que tu n'entrevoyais que bien faiblement d'ici. »

---

# Discours de M. Adolphe SARRAIL,

*Président du Conseil de Prud'hommes et du Syndicat général du bâtiment.*

« Messieurs,

» C'est au nom des industriels et des entrepreneurs, dont j'ai l'honneur d'être le représentant, que j'adresse un sincère hommage à la mémoire de Georges Blanchard-Latour et que je le remercie de ses libéralités en faveur des élèves qui suivent, aux classes d'adultes de la Société Philomathique, les cours spéciaux à l'industrie.

» Il s'est rappelé, dans ses dispositions dernières, qu'il appartenait à cette grande famille du bâtiment où il avait occupé une des premières places, et il a voulu encourager ceux qui se préparent, par l'étude et le travail, à devenir d'habiles ouvriers, des entrepreneurs instruits et intelligents. Nous lui en conserverons une éternelle reconnaissance.

» J'ai vécu, Messieurs, dans son intimité, j'ai été souvent le confident de ses pensées, et, si ses aspirations artistiques faisaient évoluer son esprit vers des sphères élevées, je sais qu'il était convaincu qu'il y avait une honorable place à donner aux hommes de labeur et de bonne volonté qui consacrent leur vie aux progrès des travaux industriels.

» Votre nom, Blanchard-Latour, acclamé chaque année à la remise des prix que vous avez fondés, restera comme un enseignement et un exemple qui trouveront assurément des imitateurs, parce que le bien est toujours contagieux.

» Il est aussi et surtout œuvre de Dieu : c'est lui qui l'inspire, c'est lui qui récompense tous ceux qui l'accomplissent et en laissent, après eux, des traces impérissables.

» Mon amitié pour vous me faisait un devoir, en cette douloureuse cérémonie, d'exprimer cette suprême espérance qui nous permet de vous dire : Au revoir ! »

*Noms des personnes qui ont assisté à la cérémonie de la
translation du corps de Blanchard-Latour.*

MM.

DANEY, maire de Bordeaux, chevalier de la Légion d'Honneur.

AUGUIN, peintre, membre de l'Académie de Bordeaux.

BAUDIT, peintre.

BALDY (Charles), président de la Chambre Syndicale des Entrepreneurs de charpenterie, vice-président du Syndicat général du bâtiment.

BAUREAU, membre du bureau de la Chambre Syndicale des Entrepreneurs de peinture.

BRAQUEHAYE (E.), directeur de l'Ecole municipale de dessin et de peinture de la Ville, officier d'Académie.

BERGE (Charles), sculpteur.

BONNET, conseiller municipal.

BOYER, sous-secrétaire de la Ville.

BRUN (Ch.), architecte de la Chambre de Commerce.

BURON, président de la Chambre Syndicale des Entrepreneurs de couverture, archiviste du Syndicat général du bâtiment.

BONNAL jeune, trésorier de la Chambre Syndicale des Entrepreneurs de ferblanterie.

BADIE (Eugène), menuisier, ancien lauréat du prix Blanchard-Latour (classes de la Société Philomathique).

BOUTEREAU (Daniel), graveur, ancien lauréat du prix Blanchard-Latour (classes de la Société Philomathique).

BERGE (Louis), dit Morel, ancien ouvrier de Blanchard-Latour.

BLANCHET, ancien notaire.

CHARTROU, ferblantier, lauréat du prix Blanchard-Latour (classes de la Société Philomathique).

COEFFARD (Louis DE), statuaire, membre de l'Académie de Bordeaux, officier d'Académie.

DESBATS, secrétaire de la Chambre Syndicale des Entrepreneurs de ferblanterie.

DUPUY (Jules), vice-président de la Chambre Syndicale des Entrepreneurs de ferblanterie.

GIRAULT, professeur de la classe de dessin d'ornement à la Société Philomathique, officier d'Académie.

GRENIER-DUBREUIL, professeur aux classes d'adultes de la Société Philomathique.

GUIBAUT (Victor), charpentier, lauréat du prix Blanchard-Latour (classes d'adultes de la Société Philomathique).

GAUTIER-LAGARDÈRE, ordonnateur général du Dépôt de Mendicité.

GÉRAND (G.), président de la Société des Architectes.

GINESTOUS, architecte.

GRANET, statuaire, officier d'Académie.

FERREAUD (Gaston), menuisier, ancien lauréat du prix Blanchard-Latour (classes d'adultes de la Société Philomathique).

JABOUIN, sculpteur, ancien adjoint au maire, chevalier de l'ordre de Saint-Grégoire-le-Grand.

LESCARRET, secrétaire de la Ville, professeur du cours d'économie politique de la Chambre de commerce.

LEVIEUX, docteur-médecin, vice-président des Hospices, chevalier de la Légion d'Honneur.

LABBÉ (Louis), architecte, secrétaire de la Société des Architectes, professeur d'architecture à l'École municipale.

LABBÉ (Albert), architecte de l'Hospice Pélegrin.

LACLOTTE (Ferdinand), président de la Chambre Syndicale des Entrepreneurs de ferblanterie, secrétaire-adjoint du Syndicat général du bâtiment.

LALANNE (Émile), directeur du Poids public, officier d'Académie.

LEBRETON, professeur de charpenterie, ancien lauréat du prix Blanchard-Latour (classes d'adultes de la Société Philomathique).

LABAT (G.), membre des Comités administratifs de la Société des Amis des Arts et de la Commission historique.

LEMARCHAND, architecte, inspecteur des travaux de l'Église de La Bastide.

LACASSAIGNE, secrétaire-adjoint de la Chambre Syndicale des Entrepreneurs de ferblanterie.

MIALHE, architecte, inspecteur des travaux de la Faculté de Médecine.

MICHAUT (A.), membre du bureau de la Chambre Syndicale des Entrepreneurs de peinture.

MONBOUCHÉ (Ernest), président de la Chambre Syndicale des Entrepreneurs de plâtrerie, secrétaire du Syndicat général du bâtiment.

MOULIS (Adolphe), archiviste de la Chambre Syndicale des Entrepreneurs de peinture.

MARIONNEAU (Charles), correspondant de l'Académie des Beaux-Arts, membre de l'Académie de Bordeaux, officier de l'Instruction publique.

MINVIELLE (Ernest), architecte.

MORA, sculpteur.

PLUMEAU, adjoint au maire, chevalier du Mérite agricole.

PORCHERON (Auguste), entrepreneur de ferblanterie, archiviste de la Chambre Syndicale des Entrepreneurs de ferblanterie, ancien ouvrier de Blanchard-Latour.

PRADIER, entrepreneur de ferblanterie, ancien ouvrier de Blanchard-Latour.

PAIN, président de la Chambre Syndicale des Entrepreneurs de menuiserie, trésorier du Syndicat général du bâtiment.

PIGANEAU, président de la Société Archéologique, professeur à l'École municipale de dessin.

PÉRIÉ (Auguste), architecte, exécuteur testamentaire de Blanchard-Latour.

PAPIN, vice-président de la Chambre Syndicale des Entrepreneurs de peinture.

PRATS (Gabriel), tourneur, ancien lauréat du prix Blanchard-Latour (classes d'adultes de la Société Philomathique).

PRÉVOT (E.), statuaire, professeur de l'École de sculpture de la Ville, officier d'Académie.

PELLEPORT-BURÈTE (Vicomte DE), ancien sénateur, ancien maire de Bordeaux, vice-président de la Commission administrative du Dépôt de Mendicité, chevalier de la Légion d'Honneur, officier de l'Ordre de Saint-Grégoire-le-Grand.

RISPAL, sculpteur.

ROCHETTE, entrepreneur de menuiserie, ancien professeur de coupe des bois aux classes d'adultes de la Société Philomathique.

SAIGNAT, avocat, président de la Société Philomathique.

SARRAIL (Adolphe), président du Conseil de Prud'hommes, de la Chambre Syndicale des Entrepreneurs de peinture et du Syndicat général du bâtiment.

SAINT-MARTIN, membre du Conseil de Prud'hommes, président de la Chambre Syndicale des Entrepreneurs de maçonnerie, vice-président du Syndicat général du bâtiment.

SAINT-PÉ, professeur d'architecture aux classes d'adultes de la Société Philomathique.

SIMONET, membre du bureau de la Chambre Syndicale des Entrepreneurs de ferblanterie.

SCHNEGG (Auguste), élève de l'École de sculpture.

TOUZIN (A.), architecte.

TERPEREAU, photographe, officier d'Académie.

VALLETON, architecte du Département, officier d'Académie.

VERGEZ (E.), directeur des classes d'adultes de la Société Philomathique, officier de l'Instruction publique.

VIVIE (Aurélien), ancien chef de division à la Préfecture de la Gironde, secrétaire de l'Académie de Bordeaux.

VALLET, conservateur du Musée de tableaux.

Bordeaux. — Imprimerie VICTOR CRESPY, 18-20, rue Gouvion.